我的第一套视觉百科

南极和北极

张功学 ◎ 主编

陕西新华出版传媒集团
未来出版社

前 言

千百年来，神秘而遥远的极地给了人们无限美好的遐想。茫茫冰雪下的极地埋藏了什么？极地是一幅怎样壮阔的画面？那里有没有生命？极地与人类究竟有着怎样千丝万缕的联系……

随着科学探索的不断深入，我们渐渐打开了极地的大门。虽然它仍然未完全敞开，但掀开的那一角却已经让我们无比震撼。我们原以为了无生机的白色海洋和冰雪大陆，其实藏着一个喧嚣、热闹的世界；在极地的冰层之下，我们能感受到地球最清晰的"心跳"……或许极地就是一本大书，详细记录了地球气候和环境的过去、现在，甚至将来。

随着全球气候变暖，两极地区的环境与气候也发生了许多变化，这些问题正引起人们越来越多的关注。如果我们连地球最后的这些净土都无法保护，又如何去面对自己的未来？将来的你不一定会成为探险极地的科学家，但我们希望，通过这本书能让你更多地了解极地，将来为保护极地出一份力。

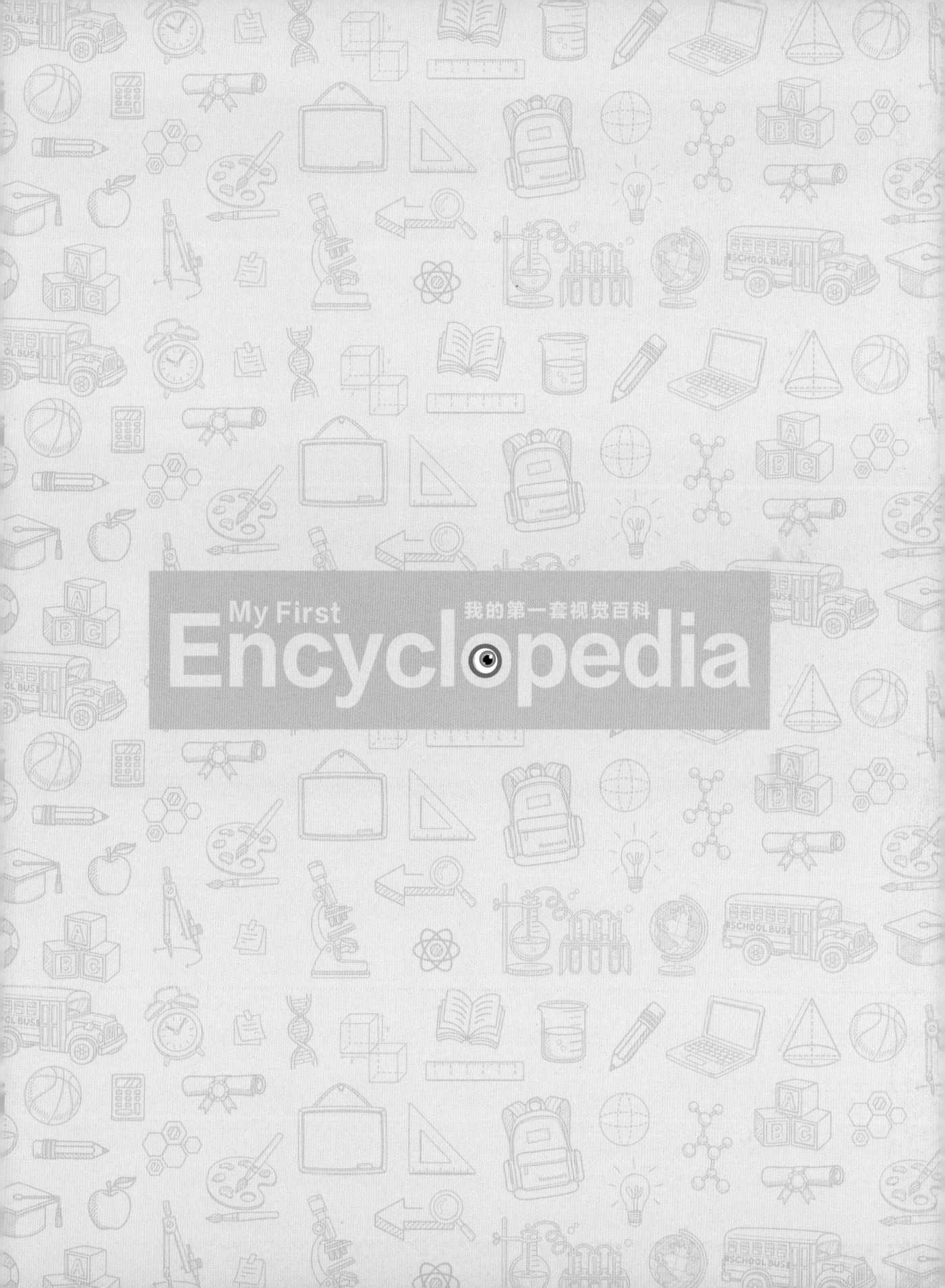

目 录

极地世界 …………………………………… 1

极　圈 ……………………………………… 2

严酷的气候 ………………………………… 4

极地冰川 …………………………………… 6

极昼和极夜 ………………………………… 8

极　光 ……………………………………… 10

极点和磁极 ………………………………… 12

南极大陆 …………………………………… 14

南极奇观 …………………………………… 16

臭氧层空洞 ………………………………… 18

南极动物 …………………………………… 20

南极企鹅 …………………………………… 22

南极鲸类 …………………………………… 24

北　极 ……………………………………… 26

北冰洋 ……………………………………… 28

苔原地带 …………………………………… 30

格陵兰岛 …………………………………… 32

北极植物 …………………………………… 34

北极动物 …………………………………… 36

北极熊 ……………………………………… 38

北极燕鸥 …………………………………… 40

保护极地环境 ……………………………… 42

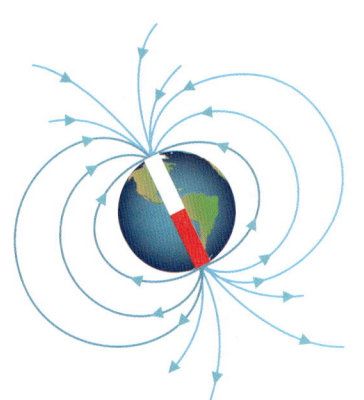

极地世界

说起极地,我们会很自然地想到一个冰天雪地的白色世界。多少年来,人们一直渴望揭开南北极这两个神秘世界中种种奇妙的自然之谜。

极地在哪里

极地指极圈以内的区域,纬度约66.5°以上地区,在地球的南北两端,南端是南极,北端是北极。

▲ 北极熊

人烟稀少

极地终年白雪皑皑,气候恶劣,温度非常低,不适合动植物生长,更不适合人类居住。除了北极地区有少量的人定居外,南极地区至今无人长期居住,只有一些科学家在那里进行相关的科学考察和研究。

寒冷的原因

南极和北极在地球的两极。因为我们的地球是以稍稍倾斜的角度绕着太阳公转的,所以太阳光不能直射到两极,极地因此成为地球上最寒冷的地方。

极　　圈

极圈分为南极圈和北极圈,这既是地理上的地域划分界限,同时也是全球气候带的划分界限,极昼、极夜现象通常就发生在极圈范围内。

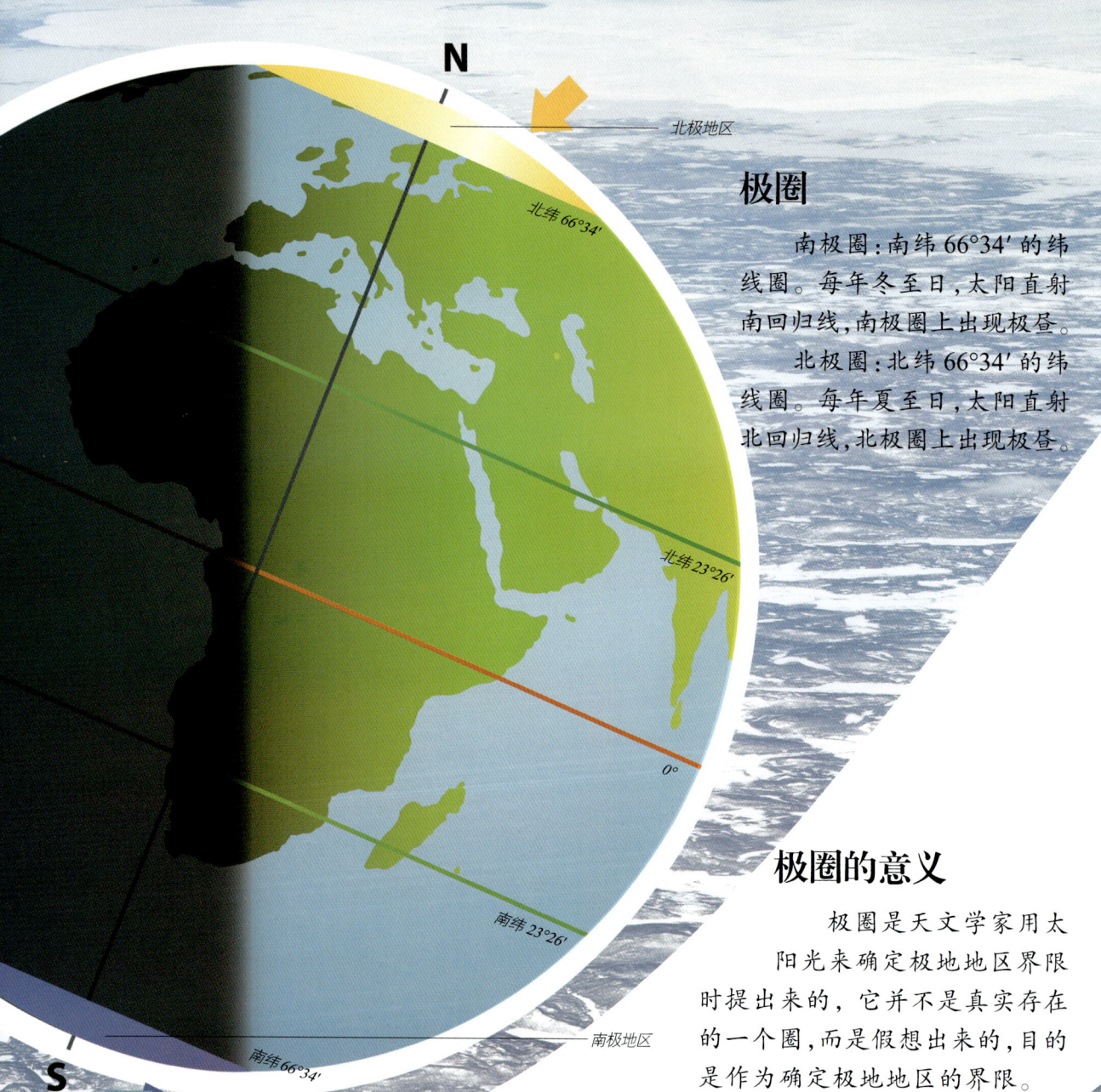

极圈

南极圈:南纬66°34′的纬线圈。每年冬至日,太阳直射南回归线,南极圈上出现极昼。

北极圈:北纬66°34′的纬线圈。每年夏至日,太阳直射北回归线,北极圈上出现极昼。

极圈的意义

极圈是天文学家用太阳光来确定极地地区界限时提出来的,它并不是真实存在的一个圈,而是假想出来的,目的是作为确定极地地区的界限。

南极地区

南极地区指地球南极圈以南的广大区域，它以南极洲为主体，被太平洋、大西洋和印度洋三大洋所包围，绝大部分为陆地。

◀ 南极地区

▼ 北极地区

北极地区

北极地区指地球北极圈以北的广大区域，以北冰洋为主体，被亚洲、欧洲和北美洲三大洲所包围，一半以上面积为北冰洋覆盖。

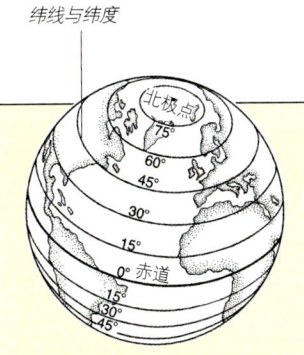
纬线与纬度

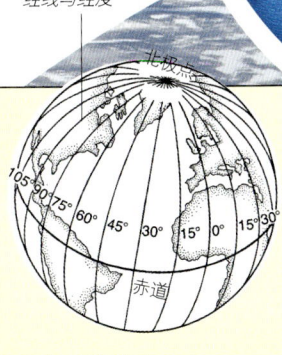
经线与经度

经线和纬线	经度和纬度	南纬与北纬	东经与西经
为了方便研究地球，人们假想出了经线和纬线。其中连接南极和北极的一道道弧线叫作经线，而与经线垂直、与地球自转轨道平行的一道道圆圈就是纬线，最长的那条纬线就是赤道。	有了纬线和经线，为了方便定位，人们给每条经线和纬线都起了名字，比如北纬66°34′，南纬66°34′。这样，我们就可以很方便地确定自己在地球表面的具体位置。	由于赤道是最长的纬线，人们把赤道定为0°纬线，以它为界，向南向北各分90°，分别称为南纬和北纬。	0°经线也叫本初子午线，在它东面为东经，共180°；在它西面为西经，共180°。因为地球是圆的，所以东经180°和西经180°是同一条经线。

严酷的气候

极地地区是全球气候系统的冷源，影响着全球气候的变化。通过对南极大陆上空大气层携带物的详细观测，可以检测一定区域内甚至全球的气候变化状况。

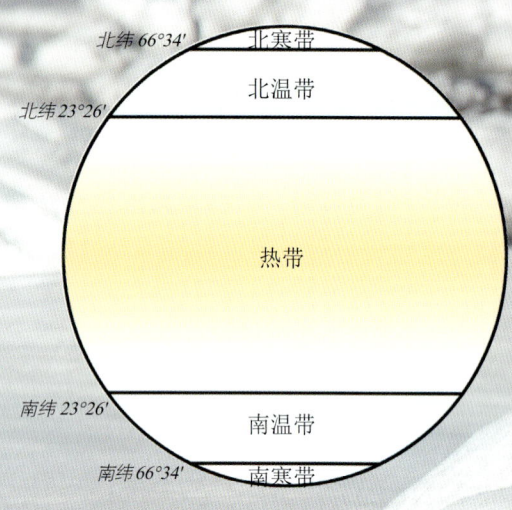

▲ 气候带示意图

气候特点

南北极地区的气候是典型的极地气候。这种气候类型的主要特点就是终年干燥寒冷，全年都是冬天，一年平均温度都在零下十几甚至零下几十度。

海冰收缩

极地气候变暖引起海冰面积收缩，可能会导致严重的海洋生态危机，比如海鸟和鲸的重要食物来源磷虾数量会减少。一旦动物界的食物链被打破，将会影响到整个海洋生物界的稳定。

天然空调

极地是地球上最大的天然空调。如果没有极地调节地球温度，地球平均温度将要升高很多。这样一来，热带会更热，那里的大部分动植物将无法生存。

典型气候类型

极地气候又称寒带气候，是高纬度地区各类寒冷气候的总称，主要包括冰原气候和苔原气候两种类型。欧亚大陆、北美大陆北部和南极洲地区是典型的这种气候。

冰原气候分布在南极大陆和北冰洋的部分岛屿上，这些地区终年寒冷，地面被很厚的冰雪覆盖；苔原气候分布在亚欧大陆和北美大陆的北部边缘地带，这片气候带区域内地面上大多有苔藓、地衣等植物覆盖。

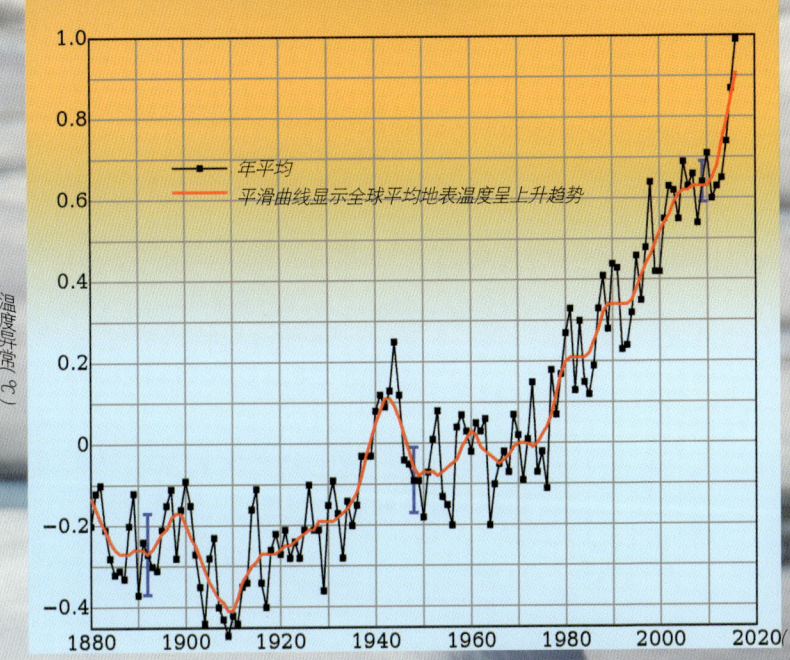

▲ 1880年以来全球平均地表温度变化

严重威胁

科学家预测，如果全球变暖持续下去，地球表面温度将持续增高。几十年后，极地冰雪将大幅度融化，这会导致海平面上升，将对小岛屿及极地地区气候和生态造成严重威胁。

温室效应的影响

极地气候变化对全球气候有重要影响，同时全球大气候的改变也影响着极地气候。近年来温室效应的增加，已经成为极地地区冰雪消融加速的最强推手。

▶ 温室效应

重新释放红外线

太阳

温室气体

部分吸收

极地冰川

由于极地气候十分寒冷,长期覆盖的冰雪越积越厚,最后在重力的作用下,这些厚重的冰雪从高处向低处缓慢流动,像一个流动的巨大固体水库,这就是冰川。

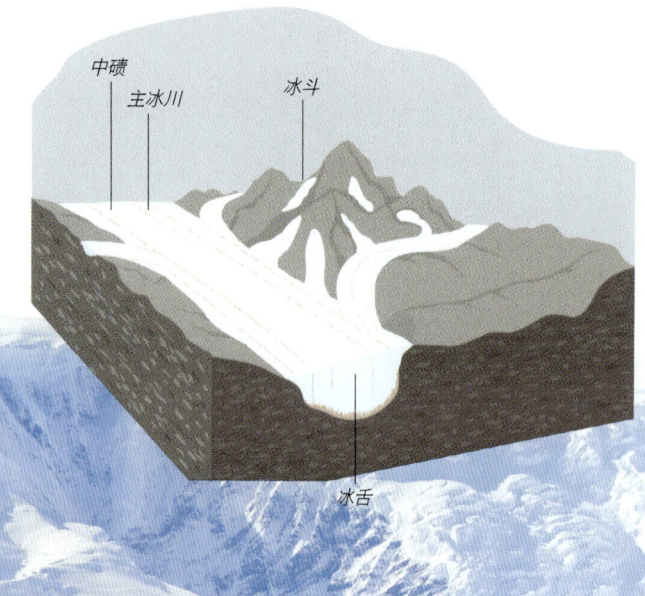

冰川的淡水资源

冰川是大量坚硬的冰块堆积形成,如同河流般能够由高往低流动的冰体。主要出现在海拔很高的山上和两极地区,是地球上最大的淡水资源库。

◀ 冰川

会移动的冰川

冰川冰体庞大,又笨又重,可是在各种合力的作用下,它们竟然会"自己"移动,而且还会在不同的情况下以不同的速度移动。

冰山怎么形成的

南极的冰山并不是由冰雪在海上自然生成的,而是属于大陆冰川的一部分。由于大陆冰川本身的巨大压力,冰层会缓慢从中心高处移向四周,当运动到大陆边缘时便会断裂,形成冰山。

冰川从哪儿来

南极的冰川到底从哪儿来的？有人说，可能是从别的地方漂过去的，也有人认为是南极洲"自产"的。因为南极气温低，冰雪越积越厚，冰川年复一年就"长"这么大了。

▶ 冰川

搬运巨石

冰川一般都移动得很慢，但就算这样也能把几吨、甚至几十吨的巨石给搬到千里之外。冰川还会在移动过程中收集巨石"包裹"，并带着这些"包裹"去旅行。

南极的冰山

冰山是南极的一大奇观，南极的夏季到来时，周围洋面上就会漂浮着千姿百态的冰山。数以万计的冰山队伍沿着洋面缓慢移动，令人惊叹不已。

▲ 冰山体积庞大，露出海面的只是很小一部分，大部分其实都在水下

冰川上的冰舌

一般来说，冰舌是冰川活动最活跃的部分，也是冰川最容易断裂的部分。

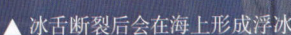
▲ 冰舌断裂后会在海上形成浮冰

极昼和极夜

极昼和极夜是南北极极圈范围内特有的自然现象。极昼期间,太阳长达半年都挂在天上,不会落山;极夜出现时,长达半年又见不到太阳,只有星星在天空闪烁。

交替出现

极昼和极夜现象每年会交替出现在北极和南极。北半球的夏季,极昼在北极出现,南极就会出现极夜;北半球冬天时,北极出现极夜,南极就会出现极昼。

如果地球躺着转

如果地球像海王星那样躺在轨道上绕着太阳转,会怎样呢?要真是这样,恰好北极又正对太阳的话,那太阳将一直照着北极,北极将只剩酷热的白昼,南极则只剩下酷寒的极夜。

▲ 极昼

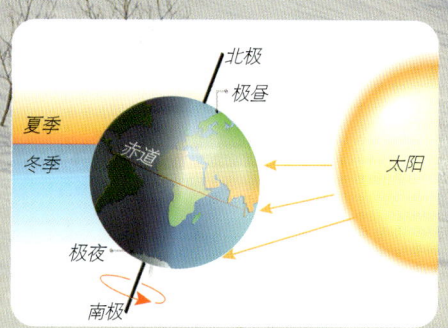

不同的长度

在极圈范围内,根据纬度的不同,极昼和极夜的时间长度也不同。越接近高纬度地区,极夜或极昼出现的时间就越长。

最长的极夜

在地球上,最漫长的夜晚是出现在南极的极夜。当南极处于极夜的时候,地球正好位于远日点附近,运行的速度比较慢,因此南极的极夜时间也就更长。

如果地球直着转

极地之所以有极昼和极夜现象,是因为地球是斜着"身子"公转的。但如果地球直着"身子"公转的。但所有地方的白天和黑夜可能就会一样长,也就没有极昼、极夜现象了。

出现时间

每年6月22日前后,北极圈会开始出现极昼现象,此时南极圈则开始出现极夜;12月22日前后,南极圈开始出现极昼现象,北极圈则开始出现极夜。

▼ 极夜

▲ 地球的公转

对动物的影响

由于有极昼和极夜现象存在,所以两极地区的动物们会在极昼期间抓紧时间捕食、进食,补充和积蓄能量,同时还要尽可能快地让幼仔成长起来,这样才能度过漫长的极夜期。

极光

在极地上空,有时会出现五颜六色的光芒。它有时像彩带,有时像火焰,有时像白云;或静止;或闪烁疾飞,或凝固不变,忽明忽暗,飞舞流动,壮丽无比,这就是奇特的极光。

哪里有极光

极光经常发生在地球南北磁极附近的一个环形地带,但不一定都发生在南北极,地球上不少高纬度地方都可以产生极光。

地球磁场

地球是一个被磁场包围的星球,它的周围存在着看不见的磁力场,这就是地球磁场。有了地球磁场这把保护伞,太阳所喷发出来的强烈射线和高能粒子就不会危害到地球生命。

▲ 地球磁场示意图

白天也会有极光

极光不一定只是晚上才会出现,白天也会有极光。之所以看不见,只是由于白天天空太明亮,我们的眼睛无法分辨罢了。

▲ 白天的极光

低纬度区的极光

2010年8月1日,太阳风暴恰好面向地球爆发。携带大量带电粒子的太阳风击中地球,与地球磁场产生磁暴,使美国、丹麦和英国等国家部分低纬度地区也看到了难得一见的极光。

◀ 极光

太阳风

在太阳创造的光、热等形式的能量中,有一种能量被称为"太阳风"。太阳风是太阳外大气层喷射出的高速带电粒子流,会在地球上空环绕地球流动,并以极快的速度撞击地球磁场。

▲ 太阳风与地球磁场

极光成因

太阳风是太阳喷射出的带电粒子,当它进入地球两极地区后,这里的高层大气受到轰击就会发出光芒,形成极光。极光是太阳风与地球磁场相互作用的结果。

利用极光能量

极其美丽的极光在形成过程中,也会在地球大气层中投放巨大能量。现在,人们正在想办法,使极光的能量为人所用。

极点和磁极

在地球上，有这样两个地方，在那里，无论你面向何方，都只有一个方向，这就是南极点和北极点。任何一块磁铁都有两极，拥有强大磁场的地球也不例外，它的磁极就在两极地区附近。

极点

南极点位于地球最南端，在这里只有一个方向，就是北方。北极点则正好相反，位于地球最北端，在这里唯一的方向是南方。

变动的南极点

南极点并不是南极大陆的最高点，也不是一个固定的点。由于南极点终年被冰雪覆盖，再加上覆盖在其上的冰雪每年还会移动，因此，科学家们不得不年年重新标定一次南极点的最新位置。

一昼夜为一年

每年9月23日到第二年3月21日前后，是南极点的极昼期、北极点的极夜期，其余时间则是南极点的极夜期、北极点的极昼期。所以在南极点和北极点上，一年的时间只是一昼夜。

地磁极的位置

地磁极的两极在地球表面也有对应的地理坐标，一般来说和地理两极的位置正好相反，位置也会变化，而且不一定就在南极圈或者北极圈内。

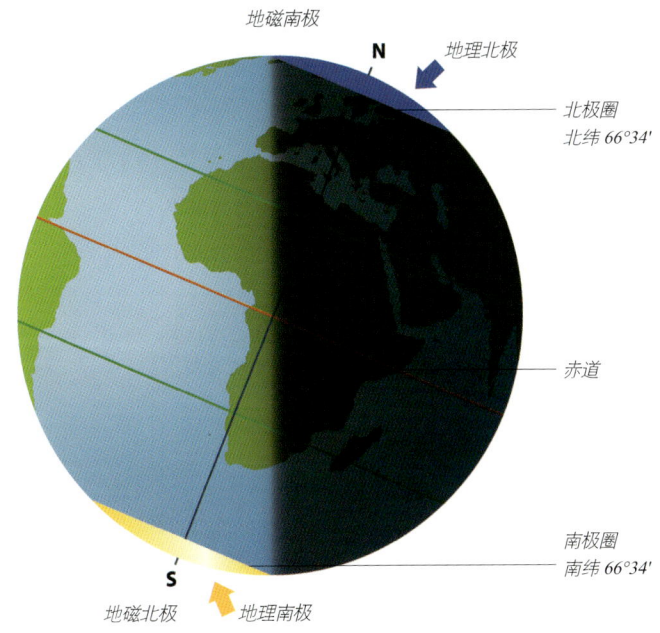

发现北磁极

1831年6月，英国探险家、航海家詹姆斯·克拉克·罗斯在加拿大北部第一次找到了南磁极，并准确证实了地磁两极与地理两极互不吻合的事实。

▲ 挪威探险家阿蒙森

到达南极点

由于南极大陆一直孤立在地球最南端，长久以来没能被人们发现。1901年，英国探险家斯科特率队前往南极点，但没能到达。1911年，挪威探险家阿蒙森成为到达南极点第一人。

▶ 詹姆斯·克拉克·罗斯

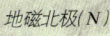

南极大陆

南极大陆是指南极洲除周围岛屿以外的陆地，是世界上发现最晚的大陆，孤独地位于地球的最南端。南极大陆绝大部分陆地被厚厚的冰雪覆盖，所以有"白色大陆"之称。

冰雪高原

南极是一片大陆地，但却根本看不见土地，因为这里大部分地区都覆盖着厚厚的冰层，所以被人们称为"冰雪高原"，因此这里动植物种类不多。

◀ 南极大陆

温度随高度增加

南极大陆的月平均气温通常从3月份开始下降，10月份开始逐渐回升。由于陆地表面被冰雪覆盖，所以越靠近地表，气温会越低，而越往高处，气温反而会稍微高点儿。

地球"风库"

南极大陆是风暴最频繁、风力最大的大陆,全洲平均风速为每秒17～18米,沿海地带风力更猛烈,风速可达每秒40～50米,最大风速甚至超过每秒82米。

奇异天象

在南极大陆,有时会出现天上同时挂着两个太阳的奇妙现象,这就是幻日;而"乳白天空"也是南极特有的一种天气现象。这两种现象的发生都和南极的低温气候有着密切联系。

▲ 幻日

南极科考

虽然南极气候环境极端恶劣,但并未能阻止人类对南极的探索热情。一批又一批的科学家们前赴后继前往南极并在那里建立了众多科考站,这些科考站已经成为人类研究南极的前沿阵地。

南极干谷

在距离南极大陆最大的活火山埃里伯斯火山几百千米的地方,有一片广阔的裸露丘陵地带。这里与南极洲大陆其他地方冰雪茫茫的景象不同——此处终年没有冰雪覆盖,这就是南极干谷,也是一片贫瘠荒凉之地。

极少地震的大陆

南极很少发生地震,即便有也是由冰山崩裂或附近火山爆发引发的小地震,震级通常也比较小。

▶ 南极干谷

最干燥的大陆

虽然南极大陆被冰雪覆盖,但这里绝大部分地区年降水量仅为55毫米左右,南极点附近则几乎全年无降水,成为最干燥的大陆。

南极奇观

在南极这片神奇的冰雪大陆,也有着令人惊叹的奇景奇观。这些奇异的景观向我们展示着大自然的力量和美丽,让我们心生敬畏的同时也激起我们探索南极奥秘的热情。

蓝色的冰川

冰雪通常都是白色,但在南极地区人们却可以看到散发着蓝色幽光的蓝冰,这是因为冰川冰能够散射较多蓝光的缘故。

▲ 蓝冰局部

▲ 血瀑布

南极血瀑布

血瀑布是南极干谷中的一道奇观,大量富含铁的液体物质从这里的冰川上流出,使它看上去就像一条流淌的血色河流。

不可思议的细菌

有研究发现,南极血瀑布中的液体可能来自冰层下富含盐分的盐湖。就在盐湖寒冷、黑暗、缺氧的恶劣环境中,科学家们还发现了一些依靠硫和铁的化合物生存的细菌。

南极不冻湖

南极干谷深处的不冻湖,是一片被冰层覆盖的咸水湖。也许是冰层阻碍了热量散失,这片湖泊才能在南极严酷的环境下,保持一定的水温而不冻。

▶ 范达湖

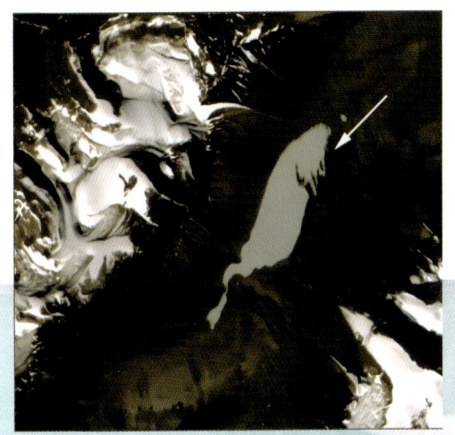

▼ 蓝冰

南极石

1965年,科学家在南极干谷一处盐湖发现大量的透明石头,这就是南极石。南极石为六角针状的结晶体,脆而易碎,主要成分为水和氯化钙。

奇异的南极石

南极石是在南极特殊环境中形成的一种天然矿物。在我们的正常室温下,它一般为液体。当温度下降到-25℃时,又会变成结晶体。

臭氧层空洞

臭氧层是指围绕地球的一圈含臭氧量较高的薄层，大多位于大气层中离地面 20 ~ 25 千米之间的平流层，能吸收太阳射向地球的大部分紫外线，保护地球生命不受紫外线的侵害。但是因为自然和人类活动等影响，南极上空臭氧层变薄，形成臭氧层空洞。

▲ 臭氧层是地球的保护伞

臭氧层的作用

臭氧层除了可以保护地球上生物免受短波紫外线伤害外，还可以加热大气和起到温室气体的作用。

臭氧层空洞

臭氧层空洞

所谓臭氧层空洞，是指包围地球的大气圈中，臭氧含量最少的区域。南北两极都有臭氧层空洞，而南极地区的臭氧层空洞范围尤其大。

氟利昂

氟利昂以前是冰箱、空调等家用电器常用的制冷剂。由于会破坏大气臭氧层、加剧温室效应，现在氟利昂已经在很多领域被限制使用。

不断变化的空洞

自从发现南极上空存在臭氧层空洞以来,这个空洞的面积一直在增加,现在比南极洲面积还大。但这个现象已经引起世界各国的重视,各国正在采取行动,臭氧层损耗情况正在得到改善。

臭氧层空洞之患

臭氧层对人类的生存有着重要作用,一旦遭到破坏,地球生命将会暴露在强烈的紫外线辐射下。除了人类,很多动植物也会因此受到很大影响和伤害。

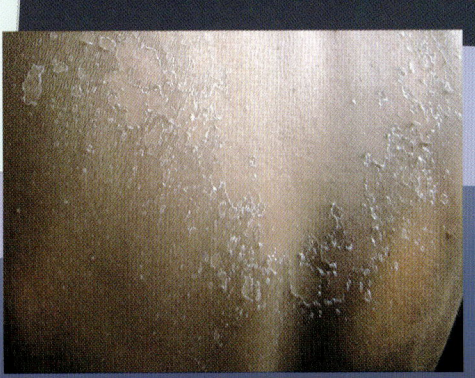

▶ 紫外线造成皮肤损害

出现原因

对于为何会出现南极臭氧层空洞,科学家们众说纷纭。但多数科学家认为,工业上大量使用氟利昂是造成臭氧层空洞的主要原因,其次,还有南极特殊的地理位置和气候特点等原因。

南极动物

南极气候恶劣,环境异常严酷,在这里你很难看到树木和花朵,能看到的多是低级植物,如地衣、苔藓。虽然如此,这里依然生活着一些动物,在海里、陆上、天空中都有。

动物种类

南极的鸟类很少,除了候鸟,大概只有企鹅和贼鸥是常住"居民"。南极的哺乳动物种类也相对较少,但个头都比较大,比如海豹、海狮、鲸等。此外,南极的磷虾数量极其可观。

威德尔海豹

威德尔海豹喜欢独自生活,少有集群现象。它们有着锋利的牙齿,潜水时能够用牙齿啃冰钻洞,然后把头从冰洞里伸出水面呼吸。雌海豹多栖息在冰面上,雄海豹则喜欢生活在水里。

海豹的习性

南极地区的海豹,经常出没于南极茫茫的海冰区,能在冰冷的海冰下度过漫长的寒冬。海豹不喜群居,产仔后组成的家庭也会在幼仔哺乳期结束后解散。

◀ 海豹啃冰钻洞

南极贼鸥

南极贼鸥有着很强的飞行能力,性情暴烈、勇猛无比,这样的特性让它们得以适应南极地区严酷的自然环境,并在激烈的生存竞争中存活下来。

天赋"贼"性

南极贼鸥雏鸟从小就懂得生存竞争,在抢食物时,兄长们从来不会让着弟弟妹妹。那些先孵出的雏鸟会抢先夺去父母带来的食物,有时甚至还会出现骨肉相残现象。年幼的雏鸟一旦被赶出了鸟巢,常常会面临死亡的威胁。

▲ 贼鸥抢夺食物

▲ 贼鸥

磷虾发光

磷虾的身体上有发光器官,这些器官分布在磷虾身体的不同部位,能每隔两到三秒发出黄绿色的光。为什么磷虾会发光?有研究者认为磷虾用这些光遮掩自己,达到在捕食者前"隐身"的目的;也有研究者认为是交配或者夜间聚集时用来发信号的。

磷虾

磷虾是节肢动物中的一类,它们广泛分布在世界各地的海洋里,其中以南极地区海洋里的磷虾数量最多,这些磷虾是南极其他动物重要的食物来源。

▶ 磷虾

南极企鹅

企鹅是一类不会飞的鸟,看上去憨态可掬。它们长着乌黑光亮的羽毛,白色的大肚皮,走路时呈直立姿势,看上去像一个身穿燕尾服的"绅士"。企鹅喜欢群居,非常团结,是名副其实的游泳健将,有"海洋之舟"的美称。

赤道也有企鹅

加拉帕戈斯企鹅生活在南美洲科隆群岛,是唯一居住在赤道附近的企鹅。它们还是企鹅家族中体形最小的,直立时仅有大约50厘米高。

◀ 帝企鹅

▼ 阿德利企鹅

企鹅的分布

全世界的企鹅大部分生活在南半球,但并不局限在南极地区。其中真正生活在南极大陆的只有帝企鹅和阿德利企鹅。

企鹅爸爸孵蛋

企鹅妈妈产卵后,企鹅爸爸会负责孵卵。在企鹅妈妈外出觅食的两个月里,企鹅爸爸不吃不动以保证小企鹅顺利孵化。

不怕冷的企鹅

企鹅全身羽毛密布，皮下脂肪厚达 2～3 厘米，这种特殊的"保温设备"使它们在零下几十度的冰天雪地中仍能自在生活。

结实的双脚

企鹅的双脚看似与其他飞行鸟类差不多，但它们的骨骼更加坚硬，而且更短、更平。这种特征配合企鹅如同船桨的短翼，使企鹅可以在水中"飞行"。

▲ 企鹅的脚

不会飞的鸟

和鸵鸟一样，企鹅是不会飞翔的鸟类。它们的翅膀在漫长的历史岁月中，逐渐演化成能够下水游泳的鳍肢。企鹅骨头较重，因此能够潜水。

▲ 企鹅游泳

帝企鹅

帝企鹅是企鹅家族中体形最大、个头也最大的种类，也是唯一一种会在南极寒冷的冬季进行繁殖的企鹅。帝企鹅很有"绅士风度"，它们常常轮流做企鹅群的领袖，以防止贼鸥来偷袭。

南极鲸类

在世界各大洋中,南极海洋中的鲸类数量是最多的。当南极的夏季来临时,生活在南半球的鲸纷纷南下,这里便形成了一个鲸的世界,而且这里的鲸都是鲸类中的大明星,常见的有蓝鲸、座头鲸、抹香鲸等。

◀ 蓝鲸

蓝鲸

蓝鲸是目前世界上公认的体积最大的动物,长可达三十多米。它们白天在百米以下的水中觅食,磷虾和小型鱼类是它们的主要食物。

须鲸和齿鲸

须鲸类	齿鲸类
须鲸类体形一般都比较巨大,它们的嘴巴里没有牙齿,而以鲸须代替了牙齿的作用,用鲸须来过滤水中的浮游生物作为食物。根据鲸须的颜色、数目和形状,人们可以识别须鲸的种类。蓝鲸、座头鲸就属于须鲸类。	齿鲸类的体形大小不一,它们的嘴巴里有牙齿,没有鲸须。齿鲸具有利用回声定位和辨别周围环境的能力,通常以乌贼、鱿鱼、甲壳类、鱼类为食。抹香鲸和海豚属于此类。

鲸是哺乳动物

鲸虽然生活在海洋中,有着和鱼类一样潜水、游泳的本领,但事实上它们不是鱼类,而是哺乳动物。它们的幼仔也是在妈妈的肚子里成形后再出生的,幼仔出生后还会吃母乳。

"潜水冠军"

抹香鲸是世界上最大的齿鲸。它们是所有鲸中下潜最深、最久的鲸类,因此有"潜水冠军"的美誉。抹香鲸所分泌的特殊物质——龙涎香,是极为珍贵的海产品。

▶ 抹香鲸

"海洋歌唱家"

座头鲸因为常能发出类似唱歌的复杂声音,而被人们誉为"海洋歌唱家"。它们生性温顺,常通过互相触摸来表达感情。

▲ 座头鲸

虎鲸

虎鲸又叫逆戟鲸,是一种喜欢集体生活的食肉动物。它们生性凶猛,且非常善于进攻,是企鹅、海豹等动物的天敌。

▶ 虎鲸

北极

北极位于地球最北端，指北纬90°，地球自转轴的北端。但一般所说的北极指北极地区，包括北冰洋、亚、欧、北美三洲北部沿海及岛屿、北极苔原和最外侧的泰加林带。由于北极地区陆地面积很小，且海上浮冰众多，这里的科考工作相比南极起步晚。到目前为止，只在靠近北极圈的地区，建立了少数几个科考站。

北极边界

从地理学角度出发，一般以北极圈作为北极的边界，指北极圈以北的广大区域。但事实上，目前对北极地区的界限划分仍未有统一标准。

◀ 北极地区

黄河科考站

2004年7月28日，我国首个北极科考站黄河站在挪威斯匹次卑尔根群岛的新奥尔松成立，坐标为北纬78°55′、东经11°56′。它拥有全球极地科考中规模最大的空间物理观测点。

▲ 北极鳕鱼

自然资源

北极地区的自然资源极为丰富,如潜在的石油和天然气等能源储量非常可观;此外,北极地区还拥有丰富的矿物、生物、渔业资源以及独特的旅游资源。

泰加林带

泰加林带是指从北极地区苔原地带以南,绵延1000多千米宽的北方塔形针叶林带,这是世界上最大、具有北极生态环境特色的森林类型,主要由云杉、冷杉、落叶松等树种组成。

▲ 泰加林带

▲ 海豹

▲ 北美驯鹿

冰层较薄的原因

北极地区虽然也是名副其实的冰雪世界,但由于这里大部分地区为北冰洋覆盖,洋流不断运动使得洋面上的海冰漂移、崩裂和融化,所以北极没有南极那样动辄数千米厚的冰层。

▼ 大勿忘草

动植物

北极的气候要比南极暖和一些,因而许多动物能够在此生存,如北极熊、麝牛、海豹、北美驯鹿、北极兔、北极狐、旅鼠和狼等。另外,还有一些鸟类和许多种植物在此生存。

北冰洋

北冰洋位于地球最北端,是世界四大洋中面积最小、深度最浅、温度最低的。北冰洋气候恶劣,终年冰封雪飘,是地球上唯一的白色海洋,其岛屿的数量和面积仅次于太平洋,在四大洋中居第二位。

北冰洋

丰富的矿藏

北冰洋有着令世人惊叹的石油、天然气、煤等矿物蕴藏量。此外,其大洋底部富有锰结核、锡和硬石膏等矿产资源。

北极航道

长期以来,开辟一条能穿越常年冰封的北冰洋、沟通大西洋和太平洋的新航道,是很多探险家的梦想,这就是北极航道。现今,北极航道已经拥有了两条线路:一条是大部分航段位于俄罗斯北部沿海的"东北航道";另一条是大部分航段位于加拿大北极群岛水域的"西北航道"。

▲ 在北冰洋上开采石油

海与海湾

北冰洋主要有巴伦支海、波弗特海、楚科奇海、东西伯利亚海、格陵兰海、哈得孙湾、哈得孙海峡、喀拉海、拉普捷夫海和巴芬湾等边缘海和陆间海。

北冰洋探险

北冰洋的神秘引起人类无穷的好奇。从两千多年前开始,勇敢者不断向北极发起挑战,这些探险大多以失败告终。直到1968年2月,一支英国探险队从美国阿拉斯加州的最北端巴罗角出发,冒着酷寒,于第二年到达挪威的斯瓦尔巴德东北部,成为第一个横跨北冰洋的探险队。

庞大的冰山

在北冰洋上,近万座巨大的冰山像可怕的庞大怪物,漂移在洋面,给航运带来很大不便和危险。这些冰山不是海冰,而是断裂的冰川冰。冰山露出水面的仅是整座冰山的极少部分。

冰山隐患

北冰洋上的冰山经常会随着海水漂入大西洋,成为大西洋航道上的隐患。1912年4月15日,"泰坦尼克号"就是因为撞到了冰山而沉没,造成巨大的灾难。

▲ 撞上冰山的轮船

北冰洋动物

北冰洋的哺乳动物主要有北极熊、海狗、海象和斑海豹等。鳕鱼是北冰洋重要的经济鱼类,有大西洋鳕和太平洋鳕两种。

▼ 斑海豹

▼ 海象

苔原地带

北极苔原是指北冰洋海岸与泰加林之间广阔的冻土沼泽带,所以又被称为冻土带。这里大部分处于北极圈内,是地球上一片看似荒凉却又充满别样生机、气候环境极具特色的地带。

苔原

苔原也叫冻原,是分布于极地附近或高山上的没有林木覆盖的沼泽型植被。在北极的苔原地带,植物主要有苔藓、地衣以及一些矮小的灌木、多年生禾草等。

▲ 北极苔原的冬季

▲ 苔藓

永久冻土层

苔原地带最大特点是有一层很厚的永久性冻土,永久冻土只有在夏季时,上面浅浅的土壤层才会融化。

短暂的生长期

北极苔原地表以下30厘米就是永久性冻土层,每年只有两三个月的生长期。苔原植物就在这样极为不利的生态条件下,艰难但蓬勃地生长着。苔原南界的植物每年生长期约90天,北界的仅仅20天。再向北,北冰洋腹地岛屿上的地衣生长十分缓慢,冬天甚至会停止生长,直到更温暖的夏天到来。

冬夏景色大不同

北极苔原年降水量有限,但在短暂的夏季,水面上水鸟嬉戏,陆地上百花盛开,宛然一片水乡泽国景观;但一到冬季,整个苔原都被冰雪覆盖,一片荒凉。

◀ 苔原上的花朵

生命活跃

北极苔原地带不仅有永久性冻土层,也有众多湖泊、沼泽,因此与南极相比,北极苔原地带的生命非常活跃,动植物种类较多,是一处生态、气候十分独特的地带。

▲ 北极苔原的夏季

格陵兰岛

格陵兰岛是世界上最大的岛屿，位于北美洲东北部，北冰洋和大西洋之间。全岛大约 80% 的面积都在北极圈以内，被厚厚的冰层覆盖，岛上耸立着少数山峰，居民主要是分布在西部和西南部的因纽特人。

"绿色大陆"

1000 多年前，应该在夏季，一个海盗在今格陵兰西南发现了一块丰美的水草地。回到家乡后他对朋友说："我发现了绿色的大陆（Greenland）！"这就是格陵兰岛名字的由来。

"日不落岛"

格陵兰岛每到冬季会有持续数个月的极夜，此时天空中偶尔会出现绚丽的北极光。而到了夏季，岛上终日艳阳高照，成为"日不落岛"。

▲ 格陵兰岛

气候寒冷

格陵兰岛气候寒冷，大部分地区被冰雪覆盖，中部地区尤其寒冷，这里的最冷月平均温度可达零下四十多度。

气候差异大

格陵兰岛南北纵深辽阔,地区间气候差异很大:夏天,格陵兰岛海岸附近花木繁盛;中部地区却被巨大的冰盖封闭,找不到一块草地;北部和东部则是冰块遍布的严寒苔原。

冰盖在移动

在看似宁静的格陵兰岛上,陆地冰盖每年都以不可阻挡之势向海岸方向移动。年平均移动速度达数米,沿海地带的冰盖移动速度更为惊人。

▲ 夏天的格陵兰岛

▼ 格陵兰岛附近的冰山

▲ 格陵兰岛冰盖消融

消融的冰盖

有研究发现,由于全球气候变暖的影响,格陵兰岛上的冰盖正在以超出人们预想的速度消融。不仅如此,格陵兰岛的平均气温也明显高出以前,受冰雪融化影响的面积增加了不少。

北极植物

即使是在冰天雪地的北极,仍有许多生命力顽强的植物在努力生长着。相比南极,北极称得上生机勃勃,生长在这里的地衣、苔藓和各种开花植物为寒冷的北极带去了绿意。

地衣

地衣俗称地木耳,是一类结构非常简单的特殊植物,生长缓慢,是北美驯鹿的主要食物。地衣虽然长得慢,但寿命很长,可以活几十年,有的甚至上千年。

▼地衣

苔藓

除了地衣外,苔藓也是北极主要的植物。在漫长的冬季,苔藓可以为自己保存生机,等来年天气温暖时再重新生长。

▼苔藓

植物界的拓荒者

苔原在芬兰语中指"没有森林的地方"。作为北极苔原地带的主要生存者,苔藓和地衣进化出了在长期干燥和冰冻条件下的强大承受力,因此也被称为"植物界的拓荒者"。

▲北极苔原

适应环境

北极植物大都非常矮小,紧贴地面生长,叶片粗厚,梗茎短粗。这种体态可以积蓄热量,不但使它们可以适应严酷的寒冷环境,而且保护了一些生长在它们下面的更幼小的植物。

▲ 北极苔原上的灌木

北极柳

北极柳在地面匍匐生长,很矮小,看上去就像一株株乱蓬蓬的野草。别看长得矮,它们的寿命却很长,一棵小小的北极柳,树龄甚至可能有数百年。

▼ 北极柳

开花植物

北极苔原上的显花植物结构比地衣复杂得多,但生命力却比地衣脆弱。寒冷的气候使显花植物不得不在两个多月的时间内,完成生长、开花、结果这个生命周期。

▼ 北极植物仙女木

北极动物

与南极相比,北极的动物不仅种类多,而且数量也多。北极地区的动物有的以苔原地带为主要活动范围,有的则以北冰洋为栖息地。无论生活在何处,它们都是北极的主人。

▲ 北极狐

北极狐

北极狐有着尖尖的嘴巴,蓬松的尾巴和圆圆的耳朵。它们的体毛大部分为细密的绒毛,仅有少量坚硬的针毛,这不仅非常保暖,也让通体雪白的北极狐看上去非常可爱。

北极狐的颜色

北极狐一年到头都是白色吗?不是。北极狐的体毛只有冬季的时候为白色,到了夏季就会变成灰黑色。

狼群中的等级制

每个北极狼的大家庭中,都会由一只体格强壮、聪明勇敢,而且很有威望的雄狼担任首领。在这个大家庭中,除了幼狼,其他狼都被严格地分成不同等级。

▲ 北极狼

北极狼

北极狼居住在世界上最荒凉的苔原地带,是世界上野生犬科家族中数量最大的一支。它们擅长长途奔袭,有超强的耐力,常常集体围捕麝牛、驯鹿等大型动物。

▶ 麝牛

高速追击

北极狼有着强健有力的四肢，在追捕北极兔时，时速能达到 60 千米以上，冲刺时一步的距离就有 5 米左右，非常高效有力。

麝牛

麝牛又叫麝香牛，生活在广阔无垠的北极苔原地区，是北极最大的食草动物。麝牛外表毛茸茸的，看上去很像野牛，但尾巴特别短，耳朵很小，四肢也很短，是分布最北的偶蹄动物。因毛皮珍贵，曾被猎杀，几乎灭绝，现在受到保护，数量有所增加。

繁殖力超强的旅鼠

北极旅鼠繁殖力惊人，一年能生 7 胎，一次能产十一二只幼崽。小旅鼠从出生到发育成熟，只需 20 多天。这样强大的繁殖力也使它们的食量巨大，一顿可以吃掉体重两倍的食物。

▲ 北极旅鼠

北极熊

北极熊是北极地区最具代表性的动物,也是地球上最大的陆地食肉动物。它们的嗅觉极为灵敏,能在千米之外闻到猎物的气息。北极熊生性凶猛,喜欢独居,奔跑速度很快,是北极地区的主宰者和象征。

尽职的妈妈

北极熊一般在春天交配,雄性需要通过激烈打斗争夺配偶。熊妈妈每胎一般产崽两只,在幼崽婴儿时期,妈妈不会离开居住的洞穴,会尽心尽力照顾幼崽,稍大时教给它们捕食和生存技巧。

双层"保暖衣"

北极熊穿着双层保暖衣:一层是浓密柔软的长毛,可以吸收热量;一层是皮下厚厚的脂肪,可以减少热量的散失。

"挑剔"的北极熊

别的熊类经常会把没有吃完的食物藏起来以后再吃,但北极熊不会。有的时候北极熊甚至只吃掉猎物的脂肪后就离开,因为对它们而言,高热量的脂肪比肉更重要。

耐心的狩猎者

北极熊可以连续几小时在冰面上等候海豹,并用熊掌捂住鼻子,以免将海豹吓跑。当海豹一露头,北极熊便会迅速攻击,往往都能得手。

◀ 北极熊狩猎

哺育宝宝

北极熊妈妈一次通常会生下两个可爱的宝宝。刚开始,宝宝以母乳为食,四五个月后断奶;两三年后,它们才开始独立生活。

▶ 北极熊妈妈和宝宝

潜水捕食

除了守在冰面外等着猎物自己送上门来,北极熊还会潜水捕食。如果猎物距离自己较远,北极熊就会直接潜入水中游到猎物附近,趁其不备将猎物抓住。

▲ 北极熊潜水捕食

奇特的毛和皮肤

北极熊的毛非常特别,是一根根中空的小管子,在阳光的照射下会显出金色。有趣的是,它们的皮肤却是黑色的,黑色的皮肤有利于收集热量。

有用的熊掌

北极熊看着呆呆的萌萌的,但也会"发火"。发起火来,熊掌会成为有力的攻击和防御武器。熊掌在生活中作用也很大:它们的前脚掌很灵活,在水中可以当桨;后脚掌宽大,适合于在冰面和雪地稳稳地行走。

北极燕鸥

北极燕鸥虽然很瘦小,却是一种令人肃然起敬的鸟儿。它们在北极出生,当北极秋天到来的时候,它们就会一直朝南飞,飞到地球的尽头,在南极的浮冰上越过寒冷的冬天。

迁徙之最

北极燕鸥小巧玲珑,但却矫健有力。每年,它们都要在两极之间往返一次。这么一个来回,行程数万千米,使它们每年能度过两个夏天。

▲ 北极燕鸥迁徙

飞行冠军

北极燕鸥堪称"飞行冠军",是所有迁徙动物中最出色的长途飞行家。它们的尾巴呈叉形,一对翅膀又窄又长,使它们飞行时能够获得比其他飞鸟大得多的浮力。

求偶

每年6~7月的繁殖季节,雄北极燕鸥嘴里会衔着刚捕捉的食物,在自己钟情的雌燕鸥的巢穴上空盘旋。雌燕鸥一旦接受了礼物,它们就可以筑巢繁衍后代了。

▲ 北极燕鸥求偶

给雌鸟喂食

雌北极燕鸥产卵后，它们的主要任务就是孵卵和保护卵，这时最忙的就是雄鸟了。为了给妻子喂食，它们要不停地往返于捕食地和繁殖地之间，担当保姆，照顾雌鸟。

勇猛无比

别看北极燕鸥瘦小如燕，却争强好斗，勇猛无比。一旦遇到外敌入侵，成千上万只燕鸥就会聚在一起，集体防御外敌，就连北极熊也要让它们三分。

食物来源

北极燕鸥常以鱼类、带壳的动物等为食，鲱鱼、鳕鱼、螃蟹、磷虾是它们喜爱的食物。北极燕鸥经常在海面上寻找食物，但在不同的栖息地，它们的食物会有不同的变化。

◀ 北极燕鸥喂宝宝

寿命

北极燕鸥的生命力非常强，大部分都可以存活20年，有的北极燕鸥甚至可以活30多年。这样的寿命在鸟类中可算是长寿了。

保护极地环境

全球的大气和海洋是一个互相影响的整体,因此其他地区的环境恶化也深刻影响着极地的气候与环境。近些年,随着全球气候变暖,人们对极地的环境问题也越来越关注。

极地环境重要性

两极地区不仅是全球气候的调节站,其覆盖的大面积冰雪也是全球淡水的重要组成部分。如果极地地区环境改变,全球气候、生态平衡都将受到影响。

▲ 极地终年冰雪覆盖

全球共同努力

为了保护极地环境,世界很多国家共同签订了相关条约。这不仅需要国家与国家之间的努力,同时也促使我们每一个人为保护极地环境出力。

威胁生物生存

全球变暖将会使两极地区的海冰不断萎缩,破坏一些动植物的生活环境。如果这种情况持续下去,在夏季没有海冰的日子里,北极的北极熊等动物将无法捕猎,生存会受到严重威胁。

从自己做起

全球气候是一个整体,保护极地环境我们也能从身边小事做起,比如平时节约用电,环保出行,节约纸张,不用一次性筷子,植树造林保护树木花草,等等。

地球变暖威胁人类健康和生存地

如果地球持续变暖,两极地区的冰雪将越来越多地消融,冰盖消融则会导致全球海平面升高,后果就是给全球沿海城市带来直接威胁,有些岛国甚至会消失。同时,原先埋藏在冰盖中的微生物被暴露出来,一旦扩散,还可能影响到全人类的健康。

自我约束

在两极地区,每一个到来的人都会受到严格的约束,比如不能给动物喂食,不随意近距离观看动物,保护极地脆弱的地被植物等。这些约束的目的只有一个,就是保护极地环境生态和动物植物生存环境。

◀温室效应

图书在版编目（CIP）数据

我的第一套视觉百科. 南极和北极 / 张功学主编. -- 西安：未来出版社，2018.6（2023.10 重印）
ISBN 978-7-5417-6583-4

Ⅰ.①我… Ⅱ.①张… Ⅲ.①科学知识—少儿读物②南极—少儿读物③北极—少儿读物 Ⅳ.①Z228.1②P941.6-49

中国版本图书馆 CIP 数据核字（2018）第 126818 号

我的第一套视觉百科（精装）
WO DE DIYI TAO SHIJUE BAIKE

南极和北极
NANJI HE BEIJI

主　　编	张功学
丛书统筹	魏广振
责任编辑	王小莉
美术编辑	许　歌
出版发行	未来出版社发行
地　　址	西安市雁塔区登高路 1388 号　邮编：710082
电　　话	029-89122853
开　　本	889 mm × 1194 mm　1/16
印　　张	3.5
字　　数	60 千
印　　刷	万卷书坊印刷（天津）有限公司
版　　次	2018 年 8 月第 1 版
印　　次	2023 年 10 月第 3 次印刷
书　　号	ISBN 978-7-5417-6583-4
定　　价	39.80 元

版权所有　侵权必究

My First Encyclopedia
我的第一套视觉百科